AF259938

NOTICE BIOGRAPHIQUE

SUR

JEAN-THIÉBAUT SILBERMANN

PAR

M. J. NICKLÈS

Professeur à la Faculté des sciences de Nancy.

———

J.-Th. Silbermann, qui vient de mourir, est ce bon, honnête et dévoué conservateur des collections du conservatoire des arts et métiers que tous les inventeurs ont connu, que tous les chercheurs ont consulté et dont les conseils ont toujours été à la disposition de quiconque en avait besoin. Il a laissé une réputation de loyauté des mieux fondées et des travaux que la science a enregistrés, dont les contemporains profitent et dont la postérité se souviendra.

Né le 1er décembre 1806 au Pont-d'Aspach (Haut-Rhin), Jean-Thiébaut Silbermann est mort le 4 juillet 1865, à Paris, au Conservatoire des arts et métiers auquel il était attaché depuis l'année 1835. Son père, qui était capitaine d'artillerie, lui ayant reconnu du goût pour les sciences d'observation, s'attacha de bonne heure à développer ces dispositions très-conformes aux siennes propres et lui fit, plus tard, suivre les cours de la Faculté de Strasbourg; en même temps, le jeune homme apprit le dessin et se mit résolument à l'étude de la physique, sous la haute direction du professeur Herrenschneider, parent de la famille.

Ainsi préparé, il arriva à Paris et mit pied à terre chez un ami de son père, qui se trouvait être le célèbre constructeur d'instruments de précison, Jecker, rue de Bondy. Celui-ci, voyant les aptitudes extraordinaires du jeune Silbermann, s'empressa de l'admettre, en qualité d'apprenti, dans ses ateliers où il pût donner libre carrière à ses goûts pour les machines et pour les expériences, ainsi qu'il nous l'apprend lui-même dans une notice qu'il avait rédigée, il y a longtemps déjà, à notre demande, et que nous reproduisons plus loin sous forme d'appendice.

Tout en travaillant à l'atelier de précision, le jeune homme suivit les cours de la Faculté des sciences où il ne tarda pas à se faire remarquer par M. Pouillet, qui y professait la physique à titre de suppléant de Gay-Lussac. M. Pouillet s'attacha le jeune Alsacien en qualité de préparateur du cours qu'il faisait au collége Bourbon et le fit, en même temps, coopérer à ses travaux particuliers portant, à ce moment, sur l'Electricité et sur la Chaleur; en même temps, il se fit assister de lui dans les leçons qu'il donnait aux princes d'Orléans et le chargea en outre de la confection des planches du traité de physique dont il préparait alors la première édition.

En 1829, Silbermann quitte cette position qui, tout en lui prenant tout son temps, lui donnait à peine de quoi vivre et accepte une place dans les ponts et chaussées. Il fut attaché aux travaux d'endiguement du Rhin et dressa, avec son frère, Jacques, la grande carte du cours du Rhin entre Bâle et Strasbourg, travail qui rendit de grands services aux ingénieurs géographes pour les opérations relatives à la carte de France.

A ce moment, le pauvre jeune homme s'ignorait complètement, ne se reconnaissait aucune aptitude spéciale et n'avait pas encore pu se rendre compte de ses dispositions natives; aussi le voit-on chercher sa voie alors que, cependant, elle était clairement indiquée pour tous ceux qui l'avaient vu à l'œuvre à Paris. Ne se ressentant pas une bien grande vocation pour les fonctions de piqueur des travaux du Rhin, il accepta, en 1834, la position de contre-maître de mécanique dans la maison centrale d'Ensisheim, sous M. Titot, entrepreneur, et perdit ainsi dans une position subalterne, un temps précieux qu'il eût pu si bien utiliser dans les ateliers de précision de Paris, où déjà il avait su se faire apprécier.

Mais notre futur inventeur l'ignorait ; de plus, il craignait Paris où, en échange d'un labeur assidu, il avait trouvé, à peine, des moyens d'existence. D'ailleurs, si bornés que fussent ses besoins et son ambition, il ne pouvait plus rien donner au hasard, car il était marié et allait devenir père.

Cependant, M. Pouillet ne le perdit pas de vue : heureusement pour la science, il put, cette fois, lui offrir une position un peu mieux rémunérée. Devenu professeur à la Faculté des sciences ainsi qu'au conservatoire des arts et métiers, il offrit à Silbermann la place de préparateur des deux cours et le mit ainsi à même de cumuler les deux services dont son maître cumulait les chaires.

Silbermann conserva ces fonctions jusqu'en 1848, époque à laquelle il fut nommé conservateur des collections du conservatoire des arts et métiers, en remplacement de M. Schlumberger.

C'est durant cette période de treize ans (de 1835 à 1848), presqu'exclusivement consacrée à la préparation des cours et aux recherches particulières de M. Pouillet, que les goûts de Silbermann pour la physique expérimentale et pour les arts de précision, se traduisirent par des faits qui resteront dans la science. De l'aveu même de M. Pouillet, pendant qu'il travaillait aux recherches de ce dernier sur l'Électricité, Silbermann constata, avant Jacoby, les premiers faits de galvanoplastie et la possibilité de les appliquer à la reproduction des médailles et des bas-reliefs (V. l'appendice) ; de même, il reconnut cette propriété des gaz de se condenser à la surface des lames de platine, et nous verrons, plus tard, cette condensation des gaz par les corps solides, devenir l'objet de recherches thermo-chimiques comprises dans le mémorable travail qu'il a exécuté avec M. Favre, sur les chaleurs de combinaison et qui fut couronné par l'Institut, en 1850.

A la même époque, il fit faire, par M. Ruhmkorff, l'appareil connu en physique sous le nom de *Banc de Melloni,* tel qu'il est maintenant usité pour répéter les expériences de Melloni sur la chaleur rayonnante ; par Soleil, le *Banc de diffraction* et *d'interférence* (Compt.-rend., t. XVIII, p. 1132), qui permet de produire, dans un cours public, les expériences si délicates de l'optique. Le premier aussi, il projeta, sur un écran, les beaux phénomènes de la polarisation de la lumière. Ces phénomènes furent montrés pour la première fois en 1838, au cours de physique de la Faculté des sciences de Paris.

Ce genre d'exhibition était rendu possible, grâce à l'*Héliostat* que Silbermann venait d'inventer et qui, à lui seul, eût suffi pour assurer la réputation d'un homme de science ; cet appareil, qui est demeuré intact depuis plus de 20 ans qu'il fonctionne dans tous les cabinets de physique, fut présenté à l'Académie des sciences le 27 février 1843, et adopté aussitôt par les physiciens, car il répondait à un besoin impérieux, que la haute optique avait créé, celui d'un instrument qui maintient toujours dans une même direction les rayons solaires réfléchis par un miroir.

Vers la même époque, M. Pouillet ayant besoin de connaître très-exactement le foyer des lentilles dont il se servait, Silbermann invente le *Focomètre*, qui fut présenté à l'Académie des sciences en 1842 (Compt.-rend., t. XIV, p. 340) ; c'est par cet appareil que Silbermann débuta.

Le bon accueil que sa communication reçut des physiciens [1] fut pour lui un encouragement auquel la science doit l'héliostat dont nous venons de parler ; déjà il avait conçu ce précieux appareil, il le fit exécuter aussitôt et peu de mois après il put le faire fonctionner et le soumettre aux hommes compétents.

Arago surtout en était ravi. Lui qui avait vainement essayé les divers héliostats connus et qui en avait fait construire un tout exprès à Gambey sans pour cela arriver à un résultat pratique, Arago voyait enfin réalisé un de ses rêves ; il pouvait facilement fixer le soleil et imprimer à ses rayons une direction constante.

Puis Silbermann perfectionne le *Sympiézomètre* (Compt.-rend., t. XIX, p. 1163) et le *Cathétomètre* (Compt.-rend., t. XXI, p. 23) ; donne, le premier, l'explication du phénomène optique connu

---

[1] V. entr'autres : BIOT, *Traité d'Astronom. phys.*, 3e Ed., I, p. 646.

sous le nom de *Houppes de Haidinger* (Compt.-rend., t. xxiii et
t. xxiv, p. 114), entreprend avec son illustre et malheureux
compatriote, Gerhardt, une discussion sur les corps homologues
(Ib., t. xxii), à propos des recherches thermo-chimiques
dont il s'occupait à ce moment avec M. Favre, ce qui ne l'em-
pêche pas de mettre la dernière main à un appareil destiné à
donner directement la vitesse de propagation de l'Electricité
(Ib., t. xxiv, p. 557) et publie, au sujet de cette vitesse, des
résultats que toutes les observations, faites depuis, ont confirmés,
savoir que cette vitesse est variable et subordonnée à une foule
de circonstances.

L'année suivante il s'occupa du *Dilato-mètre* qui porte son
nom (pèse-alcool Silbermann), destiné à évaluer les quantités
de deux liquides mélangés et, en particulier, les mélanges d'eau
et d'alcool par la dilatation de ces liquides (Ib., t. xxvii, p. 148);
puis il fit connaître son *Pyro-mètre* à gaz et l'appliqua à la
détermination des points de fusion des alliages *(Bulletin de la
Société d'Encouragement*, t. 52, p. 108).

C'était en 1852. Ses travaux sur les chaleurs de combinaison
étaient terminés depuis trois ans. L'ouverture de plusieurs salles
du Conservatoire et leur organisation lui prirent ses journées
(v. l'appendice note). Il consacra ses quelques heures de loisir
à des recherches sur la dilatation linéaire (Compt.-rend., t. 38,
p. 825), recherches dont les résultats furent si heureusement
appliqués par lui à la vérification des poids et des mesures. La
preuve en est déposée dans les Comptes-rendus de l'Académie
des sciences (t. 36, 38 et 41)[1].

Enfin, quittant, vers la fin de ses jours, le domaine de l'in-
vention, qui était le sien, il se livre à des recherches approfon-

---

[1] Vérification des mesures et poids envoyés aux Etats-Unis par la France
(C. R. t. 36, p. 299).

— Mém. sur la variation de longueur des lames ou règles soumises à
l'action de leur propre poids, pour servir de correctif aux mesures linéaires
(t. 38, p. 825).

— Procédé nouveau pour comparer les mesures de longueur au moyen
de pesées (t. 41, p. 147).

dies sur la taille humaine et y trouve les origines de nos mesures de longueur *(Americ. Journ. of science and arts)* [1].

Mentionnons encore les recherches thermo-chimiques dont nous avons déjà parlé, recherches devenues classiques et auxquelles chaque jour apporte une nouvelle consécration (V. l'Appendice note).

Silbermann avait une habileté de main extraordinaire, il ne touchait pas un instrument sans l'améliorer. Avec les moyens les plus simples et les plus restreints, il savait improviser les appareils les plus délicats et justifiait à merveille ce portrait que Franklin a tracé du vrai physicien qui doit savoir « scier avec une lime et limer avec une scie. » A cette aptitude si précieuse pour un expérimentateur, il unissait une grande facilité pour le dessin, ainsi que pour la plastique, et savait admirablement combiner et faire aboutir une expérience.

Voilà, certes, des qualités et des titres qui, entre les mains de certaines personnes, eussent amplement suffi pour les mener loin. On se demandera donc, non sans raison, comment il se fait que, dans le milieu où il a, pendant près de quarante ans, rendu des services exceptionnels, Silbermann n'ait pu arriver, au moins, à une position qui lui permît de vivre sans trop de privations. Cette question, nous la renvoyons aux personnes qui, ayant profité de ses services, étaient à même de lui rendre justice autrement que par des paroles ou des promesses.

Humble et modeste dans ses relations, ignorant l'art si utile de nos jours, d'exploiter les petits travers de l'homme en place et ne se plaisant pas dans les antichambres, Silbermann a pu, plus d'une fois, se voir distancé par des hommes qui savaient racheter, par une grande souplesse, l'exiguité de leur bagage scientique [2].

[1] Proportions physiques ou naturelles du corps humain exprimées en mesures métriques (Compt.-rend., t, XLII, p. 454 et 495).

Loi des longueurs harmoniques (Ib., t. XLIII, p. 1156).

Origine des mesures de longueur, leur rapport avec la stature moyenne de l'homme (t. XLVIII, p. 949).

[2] Comme complément à ces observations, voir le discours prononcé par

Mais les déceptions n'altérèrent ni son excellent caractère, ni même sa confiance par trop candide, dans les promesses de qui avait besoin de lui. Son obligeance est demeurée à toute épreuve jusqu'à la fin et les habiles en ont tiré parti avec d'autant moins de gêne qu'elle se compliquait d'une modestie que trahissait non-seulement son langage, mais encore son extérieur. Le service rendu, il n'y pensait plus ; l'obligé en profitait le plus souvent pour oublier de son côté. Aussi, est-ce sans exagération qu'on a pu dire au lendemain de sa mort : « Silbermann a contribué sans gloire à plus d'une grande découverte. » (*Cosmos* du 12 juillet 1865).

La société a donc beaucoup demandé à cet homme de bien ; elle en a beaucoup reçu. En échange, elle lui fit, au conservatoire des arts et métiers, une position plus que modeste qui, lui donnant à peine de quoi faire vivre les siens, lui imposa, jusqu'à la fin, une existence pleine de privations. Se souviendra-t-elle au moins de ceux que la mort de Silbermann laisse sans défense ? Espérons-le pour l'honneur de l'humanité [1].

M. Chevreul, sur la tombe de Gratiolet (*Monit. scientif.*, t. VII, p. 237, et t. VIII, p. 607).

[1] La présente note a été rédigée au lendemain de la mort de J.-Th. Silbermann, c'est-à-dire au mois d'août 1865.

La pension de retraite de ses survivants a été liquidée depuis ; elle est de 146 fr. par an, je dis 146 fr. !

Heureusement, la *Société de secours des amis des sciences* a eu plus d'entrailles ; malgré les charges qui pèsent sur elle, elle a accordé aux survivants de l'ancien conservateur des arts et métiers un secours annuel de mille francs. (V. Compte-rendu de la Société de secours des amis des sciences pour l'année 1866, p. 17. Paris, chez Hachette.) — J NICKLÈS

APPENDICE.

NOTICE AUTOBIOGRAPHIQUE DE J. TH. SILBERMANN.

(L'original est déposé aux archives de la Société d'histoire
naturelle de Colmar.)

———

Né le 1er décembre 1806, au Pont-d'Aspach, annexe de la
commune de Burnhaupt-le-Haut.

Entré à l'école communale de Burnhaupt-le-Bas en 1813.

Arrivé à Neuf-Brisach avec mes parents en 1814.

Entré à l'école de Beaumont, près le fort Mortier; à l'école
de Messin à la porte de Bâle; à l'école communale de Stœrckel.

Au collége communal de Neuf-Brisach sous Ravez, en 1817
jusqu'en 1822. Notions de dessin de M. Liebenstein.

Ecole de dessin de Mme la chanoinesse baronne Loire de
Wimpfen.

1823. — Dessin d'architecture. — Ratte garde du génie sous
les commandants de Goll et Thomassin.

1824, 23 mars. — Arrivé à Strasbourg.

Dessin au bureau du génie de la ville; caserne des pon-
tonniers.

Cours de dessin de J. Guérin, à l'hôtel-de-ville.

Faculté des sciences : Cours de physique, M. Herrenschneider;
— chimie, M. l'abbé Branthôme; — histoire naturelle,
M. Hammer.

1825, 4 novembre. — Arrivé à Paris. — Construction
d'instruments de précision chez M. Jecker, rue de Bondy. —
Cours de dessin de Leblanc au conservatoire et géométrie de
Dupin. — Cours de physique de Gay-Lussac et Pouillet. —
Cours de chimie de Thénard et Dulong, à la Sorbonne.

1826, 1er novembre. — Entré chez M. Pouillet comme aide
de ses travaux et préparateur des deux cours de physique et
chimie du collége Bourbon.

En 1827, préparateur du cours de M. Pouillet, de la maison d'Orléans, jusqu'en 1828.

Professeur de dessin, du 1er novembre 1828 au 1er novembre 1829.

1829. — Retour à Neuf-Brisach, le 4 novembre 1829.

Entré comme élève dans la maison Herder à Fribourg en Brisgau, pour le dessin des cartes géographiques.

1830. — Revenu à Neuf-Brisach et marié le 12 octobre 1830.

Piqueur aux travaux du Rhin, à partir du 29 avril 1831 jusqu'en septembre 1834.

1834, 1er septembre. — Entré comme contre-maître de mécanique dans la maison centrale d'Ensisheim avec l'entrepreneur Titot.

1835. — Revenu à Paris, le 15 juillet, chez M. Pouillet, en qualité de préparateur de son cours de physique au conservatoire, du 1er novembre 1835 jusqu'au 1er avril 1848, et préparateur du cours de physique à la Sorbonne, du 1er novembre 1839 au 1er novembre 1848.

1848. — Conservateur des collections du Conservatoire national des arts et métiers ; nommé le 1er mai 1848.

1853, 5 mars. — Nommé l'un des administrateurs de la Société de secours mutuels du 6e arrondissement.

1853, 8 mars. — Membre de la commission de statistique du 6e arrondissement.

1855, 10 septembre. — Membre du congrès international de statistique.

Le 8 août 1855, nommé membre de l'ordre militaire du Christ, de Portugal.

Reçu les insignes et le brevet, le 1er septembre 1855.

Le 1er janvier 1856, nommé membre de la Légion-d'Honneur par avis ministériel du 11.

Pendant cette deuxième période, du 15 juillet 1835 au 1er mai 1848, je fis toutes les expériences de recherches que demandait M. Pouillet ; avec cet habile et savant maître, j'eus occasion de me développer dans la carrière des recherches physiques, et en même temps la préparation des deux cours de physique, celui du Conservatoire et celui de la Sorbonne, où M. Pouillet était devenu professeur, me tint au courant des faits nouveaux et me fit connaître par nombre de savants visiteurs.

Condensation des gaz à la surface du platine. — C'est pendant les recherches sur la dilatation des gaz qui nous tint en haleine pendant plusieurs années à cause de fuites présumées dans les réservoirs en platine, qu'à la fin je parvins à démontrer ce que je supposais depuis longtemps, savoir : que l'air se condense à la surface du platine métallique : la preuve date de 1838.

Galvanoplastie. — C'est pendant les recherches sur la fixité des courants produits par diverses substances, qu'essayant le sulfate de cuivre en dissolution, formant un élément cuivre et zinc, que je vis le cuivre du sulfate, revivifié sur la lame de cuivre. Ce dépôt bien agrégé me fit dire à M. Pouillet que cette expérience peut faire voir que l'on pourrait ainsi reproduire des médailles, car les marques sur la plaque de cuivre étaient reproduites sur le dépôt.

Cette remarque fut faite le 12 février 1839. Or, M. Jacobi indiqua plusieurs mois après, dans les papiers scientifiques, que vers la mi-février de cette année, il venait de trouver le moyen de reproduire les médailles par dépôt de cuivre agrégé fait par voie galvanique.

M. Pouillet, pour revendiquer ce fait, disait à ses cours cette même année et les années suivantes en parlant de ces nouvelles productions électriques : *A la même époque que M. Jacobi à Dorpat, on a trouvé la même chose dans mon laboratoire, mais on n'y a pas donné de suite* [1].

Il ne m'était pas possible de donner suite à des recherches personnelles, vu qu'à ce moment une place était vacante à

---

[1] Je dois dire que j'ai entendu, de mon côté, M. Pouillet, faire cette déclaration dans son cours de l'année 1846—1847. — J. NICKLÈS.

l'Institut, et c'est celle que M. Pouillet occupa plus tard ; les recherches pour lui passaient avant les miennes.

Précautions dans les pesées. — Dans une suite de travaux sur la densité de divers liquides, j'employais comme tare un vase en verre pris du même morceau que le vase à densité, et lui donnai la même capacité et la même forme que lui, afin de me mettre à l'abri des variations hygrométriques, et de l'influence de la pression de l'air.

Appareils divers. Banc de Melloni. — Dans l'intervalle, j'eus occasion de commander et de surveiller la construction d'un grand nombre d'instruments, tant pour les recherches de M. Pouillet, que pour l'ameublement des collections du cabinet de physique du Conservatoire des arts et métiers, et pour celui de la Sorbonne. C'est ainsi qu'ayant à faire faire un appareil pour répéter les expériences de M. Melloni sur la chaleur rayonnante, je donnai un dessin d'abord au constructeur, M. Billand, qui vendit l'appareil commandé, ce qui me força à voir un autre constructeur, et ce fut à M. Ruhmkorff que je remis de nouveaux dessins ; celui-ci construit maintenant ces appareils, avec toutes les additions que M. Melloni y a faites depuis.

M. Melloni m'a remercié de vive voix de la forme commode que j'ai donnée à ses expériences.

Banc de diffraction. — M. Pouillet, désirant faire voir à son cours de la Sorbonne les belles expériences de diffraction et d'interférence non encore produites alors en cours public, m'engagea à combiner un appareil qui permît cette exhibition. C'est sur mes dessins que M. Soleil fit les bancs de diffraction de la Sorbonne et du Conservatoire, tels qu'ils sont décrits dans les Éléments de physique de M. Pouillet.

Projection des effets de polarisation. — C'est encore pour le cours de la Sorbonne que je fis construire, par M. Soleil, une disposition qui permît la projection des beaux phénomènes de polarisation de la lumière, montrés en public pour la première fois au moyen du porte-lumière que j'avais fait construire à cet habile artiste pour le compte du Conservatoire. Cet instrument a figuré à l'exposition industrielle de 1839.

Phénomènes coloriés. — La planche coloriée représentant ces phénomènes, et qui fait partie des Eléments de physique de M. Pouillet, a été faite à l'aide des appareils précédents.

Reproduits plus tard, par moi, sur une plus grande échelle, ces phénomènes marquent le point de départ des belles collections qui se voient dans les cabinets, et que mon frère exécute si admirablement.

Focomètre. — Des recherches photométriques, entreprises pour M. Pouillet, exigèrent la connaissance parfaite du foyer des lentilles employées dans le photomètre. Pour résoudre ce problème, j'employai la position newtonienne des lentilles, puis toute autre. L'instrument qui satisfait à ces conditions est le *Focomètre* que j'ai présenté à l'Institut le 28 février 1842 : ce fut ma première présentation.

Les commissaires furent MM. Biot, Arago, Pouillet et Babinet.

Cet instrument est décrit dans le t. I, p. 646 de l'Astronomie physique de M. Biot, 3ᵉ édition.

Héliostat. — Quoique les cabinets possédassent déjà l'héliostat de S'Gravesande, celui de Fahrenheit, celui de Charles modifié par M. Biot, et enfin celui d'Arago exécuté par Gambey, tous ces instruments étaient d'un emploi trop difficile dans les amphithéâtres et même dans les recherches de cabinet ; aussi ne les employait-on pas.

Cependant la nécessité de ces sortes de porte-lumière était vivement sentie, surtout dans l'optique nouvelle ; stimulé par le besoin, j'arrivai à composer un instrument commode, à la portée de tous les opérateurs et de tous les budgets.

J'ai présenté mon héliostat à l'Institut le 27 février 1843.

Les commissaires furent MM. Arago, Biot, Babinet, et Regnault, rapporteur.

Cet héliostat est décrit dans les Annales de physique et de chimie, dans les comptes-rendus de l'Académie, dans la 3ᵉ édition de la physique de M. Pouillet et dans tous les ouvrages de physique depuis cette époque. Plus de cent de ces instruments, parfaitement construits par M. Duboscq, gendre de M. Soleil, figurent dans les cabinets de physique des grands établissements et même des colléges en France et partout à l'étranger.

M. Regnault a fait son rapport le 18 octobre 1843 ; voir les C. R.

Les difficultés d'orientation de cet instrument sont toutes prévenues, sans porter préjudice à la précision, la favorisant même ; et son prix n'est que le tiers de celui de Gambey.

Vitesse de l'électricité. — Note présentée à l'Académie des sciences, le 27 mars 1847.

Commissaires : MM. Arago, Becquerel, Pouillet.

Notes d'expériences préparatoires qui démontrent qu'avec l'adoption des principes explicitement admis, savoir : que la résistance est l'expression inverse de la vitesse, ce fluide aurait dans les fils de cuivre une vitesse d'au moins 1 million de fois celle de la lumière dans les espaces célestes ; et par suite absurdité de cette comparaison, et présentation de méthodes pour mesurer la vitesse effective, et correction des principes admis.

Vitesse de la lumière. — Note remise à M. Arago en juin 1847.

Comme il avait été convenu entre M. Arago et moi, que ces expériences se réaliseraient avec l'appareil qu'il fit faire par M. Bréguet, la modification que je proposais fut ajoutée à cet appareil par M. Bréguet, et comme ces expériences tardèrent dans leur exécution, elles furent devancées par celles de MM. Foucault et Fizeau.

M. Arago, en communiquant ces derniers travaux à l'Académie, réclama en ma faveur la priorité de la fixation du phénomène.

Ce fait était connu des expérimentateurs et des physiciens [1].

---

[1] Il en était, en effet, beaucoup question dans le monde scientifique d'alors, mais : *verba volant*, chose que le bon Silbermann n'a jamais voulu admettre. Peut-être retrouvera-t-on dans les feuilletons scientifiques

Comparaison du mètre en platine et de celui en bronze, confectionnés par M. Froment, pour le gouvernement espagnol en 1849.

En commun avec M. Alfonzo, directeur du Conservatoire des arts et métiers de Madrid.

Dilatomètre alcoolique. — Présenté à l'Académie le
Commissaires : MM.

Cet appareil sert à donner les richesses alcooliques des liqueurs alcoolisées, au moyen de la différence de leur dilatation contre deux points fixes.

Procès-verbal de la comparaison des poids et mesures métriques envoyé au gouvernement des Etats-Unis. — Ce travail, clos le 6 mars 1852, contient, en sus des comparaisons, les méthodes nouvelles et les appareils suivants que j'ai fait construire et que j'ai employés dans le courant de ces opérations.

Type du mètre, à bout et à trait, avec pyromètre de Borda — Ce type offre l'avantage d'être observable, soit avec un comparateur à leviers, soit avec un appareil à microscopes appliqués sur une longueur absolument identique. De plus, par son pyromètre, il donne à chaque instant sa valeur absolue.

A l'occasion du mètre précédent, j'appliquai une méthode nouvelle avec contrôle, pour mesurer la dilatation absolue des deux régles composant le mètre type.

Cette méthode consiste à porter une longueur invariable sur les règles pendant qu'elles sont exposées aux températures 0° et 100° On n'a ensuite qu'à mesurer la différence de longueur résultant de leur dilatation, et de comparer ces différences à celles lues sur les divisions du pyromètre ; d'où résulte un contrôle certain des opérations.

Comparateur à levier pour la comparaison des mètres. — Ce comparateur, par son thermomètre de Borda, prévient l'obser-

<hr>

de cette époque, notamment dans ceux du *National*, alors rédigés par Terrien, la trace de cette assertion d'Arago que, pour ma part, j'ai vainement cherchée dans l'Astronomie populaire de ce savant. — J. NICKLÈS.

vateur que la température n'a pas varié de $^1/_{50}$ de degré entre l'observation et la comparaison ; c'est-à-dire que les talons de l'appareil n'ont pas varié de $0^{mm}0001$ de millimètre entre ces deux opérations. La vis micrométrique donne cette précision qui est aussi celle des leviers.

Comparaison des poids dans le vide. — J'ai, je crois, le premier employé une méthode pour comparer les poids dans le vide ; les résultats ont parfaitement correspondu à la méthode indirecte généralement employée.

Pyromètre métallique à air. — Ce pyromètre encore en expérience [1] a déjà servi à donner toutes les températures de fusion de divers métaux et alliages fondant de 150° à 1500° centigrades.

Cet appareil a été annoncé à la Société d'encouragement ainsi que divers résultats obtenus par lui. (Voir le Bulletin de la Société d'encouragement, 1854.)

De concert avec M. Jacquelain, nous avons trouvé la condensation et même l'absorption de l'air, de l'hydrogène, de l'oxyde de carbone par le fer aux hautes températures, et dans des proportions considérables.

Mètres-types pour l'Espagne. — Les 2 mètres, l'un en platine, l'autre en bronze, exécutés par M. Froment, ont été ajustés au conservatoire ; de concert avec M. Alfonzo et M. Froment, j'ai déterminé le coefficient de dilatation de ces 2 mètres. J'ai pareillement coopéré à l'ajustage et à la comparaison du kilogramme en platine.

Ajusté pour l'Espagne, à titre d'échange, 1 mètre, 1 kilogr. et 1 litre, mesures faites par Gambey.

Mètres, kilogrammes-types pour l'exposition universelle de Londres. — Le mètre en platine sur règle en bronze, mètre à bout et à trait que j'ai fait exécuter par M. Bronner, a été comparé par moi à notre prototype et à celui des archives. La dilatation absolue de ces deux règles a été faite pareillement par moi.

---

[1] C'est en 1855 que ces notes ont été rédigées par Silbermann.

Il en est de même pour la comparaison du kilogramme en platine fait par M. Froment.

J'ai de même comparé les 3 unités faites par M. Gambey, le mètre, le litre et le kilogramme.

Mètre et kilogramme prototypes du commerce. — Ces deux mesures ont été comparées à celles des archives avec le plus grand soin.

Ajustage des mètres à bout et à trait avec vis à l'un des bouts pour avoir copie conforme, avec le soin d'opérer à la glace fondante sur mon comparateur.

Mesure de la variation de longueur des lames ou règles soumises à l'action de leur propre poids, pour servir de correctif aux mesures linéaires. — Présenté à l'Institut le 8 mai 1854. (T. 38, p. 825. Extrait).

Rapport fait au nom du Comité des Arts économiques de la Société d'encouragement, sur la propagation du système métrique, lu le 16 mai 1855 et adressé aux membres du jury international de l'Exposition universelle.

Balance disposée pour déterminer les longueurs par des poids.
1er *Mémoire.* — Mesure métrique des longueurs du corps de l'homme.

2e   *id.*   — Moyenne de la taille humaine.

3e   *id.*   — Loi des longueurs et des largeurs.

4e   *id.*   — Origine des mesures de longueur.

Travaux en commun avec M. J. A. Favre.

1er *Mémoire.* — *Combustion de l'hydrogène.* — Présenté le 7 avril 1844. Voir les C. R., t. 18, p. 698. — Il n'y a que l'intitulé du mémoire, puis 3 lignes qui donnent le nombre obtenu.

2e *Partie.* — *Combustion du charbon et de l'oxyde de carbone.* — Présenté le 26 mai 1845. Voir comptes-rendus, p. 1565 ; mémoire en deux pages et demie

3e *Partie.* — *Combustion du gaz des marais et du gaz olé-fiant.* — Présenté le 16 juillet 1845. Comptes-rendus, t. 20, p. 1734 — Une page et demie.

4e *Partie.* — *1° Combustion de charbons divers ; 2° décomposition de l'oxyde d'argent.* — Présenté le 27 octobre 1845. — Comptes-rendus, p. 944 et 949. — 7 pages. Extrait.

5e *Partie.* — *Combustion de la série des $(C^2H^2)^n$ et ses dérivés ainsi que ceux $C^{20}H^{16}$.* — Présenté le 16 mars 1846. — Comptes rendus, t. 22, p. 486. Extrait. — 4 pages.

6e *Partie.* — *Combustion des soufres et du sulfure de carbone.* — Présentée le 18 mai 1846. — Comptes-rendus, t. 22, p. 823. — 3 pages, extrait.

7e *Partie.* — *Description du calorimètre à mercure.* — Présentée le 29 juin 1846. — Comptes rendus, t. 22, p. 1140. — Deux pages et demie, suivie d'une observation de M. Regnault.

8e *Partie.* — *Combustion du charbon dans le protoxyde d'azote.* — *Considérations sur l'oxyde d'argent, la chaleur spécifique de l'eau.* — *Composés oxigénés de l'azote.* — Présentée le 27 juillet 1846. T. 23, p. 199. — 7 pages, extrait par les auteurs.

9e *Partie.* — *Chaleur spécifique et latente des composés hydrogénés.* — Présentée le 24 août 1846. T. 23, p. 411. — Deux pages, extrait par les auteurs.

10e *Partie.* — *Décomposition des corps dimorphes, spath d'Islande et arragonite.* — C. R., t. 24, p. 1081. Extrait par les auteurs, trois quarts de page.

11e *Partie.* — *Décomposition du protoxyde d'azote.* P. 1082, une page.

12e *Partie.* — *Composés salins, hydratation, bases avec les acides, formation des sels acides ; oxydes R^2O^3 précipités par l'ammoniaque.* — Page 1083. 5 pages.

13e *Partie.* — *Chaleur mise en jeu pendant la destruction.* — Page 1088. 2 pages. — Total 9 pages. Extrait par les auteurs.

Les parties 10, 11, 12 et 13 ont été présentées ensemble le 21 juillet 1847.

14ᵉ Partie. — *Composés salins.* — *Combustion des métaux.* — Présentée le 5 juin 1848. — Comptes-rendus, t. 26, p. 595. Extrait par les auteurs. — Deux pages et demie.

15ᵉ Partie. — *Appareil pour la chaleur spécifique des gaz à diverses pressions.* — Présentée le 10 juillet 1848. — T. 27, p. 56. 2 pages.

16ᵉ Partie. — 1848. — T. 27, p. 111. Intitulé du mémoire, sans extrait. — Présentée le 31 juillet.

17ᵉ Partie. Action décomposante des rayons solaires. — Présentée le 9 octobre 1848. — Comptes-rendus, t. 27, p. 362. — 4 pages. — *Comparaison des Spectres.* —Tous ces mémoires occupent quarante-six pages et demie dans les comptes-rendus.

18ᵉ Partie. — Mémoire général récapitulatif et parties inédites, mis au concours le 31 décembre 1848. Ce mémoire est une refonte complète de tous les travaux précédents mis en ordre, comprenant en sus divers chapitres inédits et nombre de corrections apportées dans cette révision générale.

Le chapitre I serait inédit si M. Pouillet n'avait pas désiré publier notre Calorimètre à eau; la partie expérimentale de ce chapitre est inédite.

Le chapitre deuxième contient la partie inédite sur les nouvelles expériences sur l'hydrogène.

Dans le chapitre quatrième, *combinaisons par voie humide*, plus de la moitié est inédite.

Le chapitre sixième est inédit : c'est le commencement des expériences sur la chaleur mise en jeu dans les actions chimiques opérées par la pile.

Enfin le chapitre huitième est pareillement inédit ; c'est le commencement des travaux pour trouver la chaleur mise en jeu par les compressions et les dépressions des gaz.

19ᵉ Partie. — *Chlore et hydrogène ; chlore, brôme, iode et soufre avec les métaux.*

Oxydes, composés haloïdes et salins. équivalents calorifiques.
— Présentée le 21 mai 1849. — Comptes-rendus, t. 29, p. 627. 6 pages, extrait.

20ᵉ *Partie.* — *Condensation des gaz par les corps solides (charbon).* — Présentée le 22 octobre 1849. — Comptes rendus, t. 29, p. 440. Une page et demie ;
2° *Chaleur spécifique et latente de l'iode.*

Titres honorifiques de J. Th. Silbermann.

Membre de la Société d'encouragement en 1840.

Elu membre de la Société phylomatique le 20 décembre 1845.

Nommé membre du conseil d'administration, adjoint au comité des arts économiques de la Société d'encouragement.

Membre de la Commission permanente de statistique du 6ᵉ arrondissement de Paris.

Membre des sociétés de secours mutuels du 6° arrondissement.

Membre fondateur de la Société météorologique de France.

Membre du comité de fondation de la Société des inventeurs et artistes industriels, fondée par le baron Taylor.

L'un des fondateurs de la Société photographique de France.

Conservateur des collections du Conservatoire impérial des arts et métiers (le 1ᵉʳ mai 1848).

Membre du congrès international de statistique, réuni à Paris en 1855.

Membre fondateur de l'association internationale pour l'uniformité des poids et mesures. — 1855.

Membre de l'ordre du Christ, de Portugal.

Chevalier de la Légion d'honneur (1ᵉʳ janvier 1856).

Membre de l'Académie des arts de Florence.

Membre fondateur de la Société des amis des sciences, fondée par le baron Thénard.

Membre fondateur du cercle de la presse scientifique.

Maçon, chevalier Rose-Croix.

Travaux accomplis par Silbermann dans ses fonctions de conservateur des collections du Conservatoire des arts et métiers.

1848. — Il obtient la collection des poids et mesures, déposée au ministère du commerce.

Il dispose provisoirement, et ouvre les deux galeries donnant sur le jardin, le jeudi 8 octobre 1848.

Il fait évacuer les galeries Vaucanson et des filatures pour les livrer à la réparation.

Août 1849. — Il ouvre la galerie d'agriculture par l'escalier de la grande galerie.

1849. — Sous M. l'administrateur Morin il ouvre la galerie d'horlogerie.

1850. — Fait l'inventaire général des collections du Conservatoire, ainsi que le catalogue de ces collections.

Reclasse la grande galerie de mécanique.

Avril 1850. — Rendu au domaine les machines hors d'usage.

Grands modèles dans le vestibule des échos.

Translation de la galerie de physique ouverte le 25 janvier 1850.

Translation des objets de la galerie des poids et mesures.

Translation des objets de géométrie pour la galerie de géométrie.

Formation de la galerie de céramique.

Montage de l'optique de Charles.

Formation de la galerie de chauffage et d'éclairage.

  —   des anciens modèles.

  —   des tours.

  —   des poids et mesures.

Reconstitution de la galerie de filature.

Galerie des machines à imprimer.

Formation de la galerie des produits de l'exposition anglaise.

Colmar, imp. de C. DECKER

www.ingramcontent.com/pod-product-compliance
Lightning Source LLC
Chambersburg PA
CBHW061610050726
47595CB00007B/2880